Dedicated to April and Tori.

My Profile Page

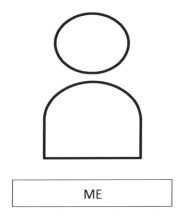

ME

About me

_____

_____

_____

_____

_____

My favorite color is:

My favorite food is:

My favorite game is:

My good friend is:

My favorite cartoon is:

My favorite season is:

My favorite holiday is:

My favorite feature is:

My favorite book is:

My favorite hairstyle is:

My best talent is:

WORD SCRAMBLE

1. dniiteconor   _____

2. tsiwts   _____

3. orwcosnr   _____

4. dasibr   _____

5. adedrs   _____

6. nlbkensito   _____

Word List

Dreads   Braids   Silk Bonnet

Cornrows   Twists   Conditioner

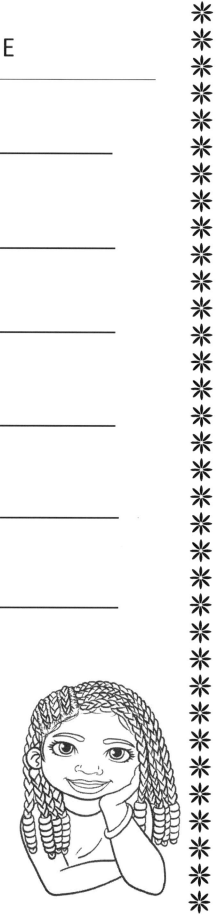

LET'S DRAW

Use the grid as a guide to help you draw the picture.

Missing Letters:
Hair

O_i_e   O_l

J_j_b_   Oi_

A_g_n   _il

C_c_n_t O_l

DECODING

REVEAL THE CODE BY USING THE DECODER KEY.

20 1   20 23 23

3 21 23 23   21 1 8 17

25   11 22   19 8 4

W	V	F	S	T	C	U	M	G	P	R	B	J
1	2	3	4	5	6	7	8	9	10	11	12	13

Z	Q	H	Y	N	A	I	O	E	L	X	D	K
14	15	16	17	18	19	20	21	22	23	24	25	26

I will follow my dreams

Plan a Day
with My Parents

DanaClarkColors.com encourages you to design the perfect day with your Parents. Circle where you would like to go.

ZOO	STATE PARK	SKATING
AQUARIUM	SWIMMING POOL	MUSEUM
STATE FAIR	BEACH	SCHOOL FIELD TRIP
THEME PARK	PICNIC	CONCERT
CIRCUS	FISHING	SCHOOL SHOPPING

List things to remember to bring:

_____   _____   _____

_____   _____   _____

_____   _____   _____

_____

List things to do and see:

_____   _____

_____   _____

_____   _____

_____   _____

Describe lunch time plans:

_____

_____

_____

MY CAREER IS MY CALLING

```
M U S I C P R O D U C E R C O P L Y M U
Y O J D S K V P V F K B E G N V U N O V
X S L E X K Z V F Z D N E J C Q V Y V P
T X Y W L U N K U W Y A P R O P M U I F
E L I B R A R I A N Y Z O B L B Q U E H
A J Y P V V R X H D L R A U O I K J D L
C P V E V B G A O T G B E C G O N C I D
H H B R F G X A V E L N G S I L U Q R B
E F K N D H Q S B A Y U G O S O R J E K
R A S X P T P H W D K L L W T G S O C U
F S F P H O T O G R A P H E R I E P T V
A S T R O P H Y S I C I S T M S J T O Z
A R C H A E O L O G I S T W M T P O R W
H K Q Y O O W K C Z L L F A U F Q M D R
G M A R I N E B I O L O G I S T E E M I
B O T A N I S T A X D E N T I S T T V T
G C V I Y P R E S I D E N T C M B R F E
F O R E N S I C S C I E N T I S T I Z R
G R A P H I C A R T I S T K A M O S T R
X I E N G I N E E R E U F U N N I T P A
```

Find Words:

Graphic Artist	Botanist	Oncologist	Librarian
Musician	Biologist	Dentist	Archaeologist
Photographer	Teacher	Optometrist	President
Forensic Scientist	Nurse	Movie Director	Marine Biologist
Astrophysicist	Engineer	Music Producer	Writer

LET'S DRAW

Use the grid as a guide to help you draw the picture.

Word Scramble

1. igiintaemva   _____

2. ytrept   _____

3. eylvol   _____

4. suacugeroo   _____

5. ubutlefia   _____

6. ncfindoet   _____

Word List

Courageous   Imaginative

Confident   Lovely

Beautiful   Pretty

My Birthday Party

DanaClarkColors.com wishes you a very happy birthday. It is a special day celebrating you, so always remember that you are a unique gift to this world. Take the time to design your Birthday Party.

Theme_____
_____

Guest List

1._____
2._____
3._____
4._____
5._____
6._____
7._____
8._____
9._____
10._____
11._____
12._____
13._____

Friends

Decorations_____
_____
_____
_____
_____
_____

Balloon Colors
_____
_____

Creativity

Games_____
_____
_____
_____
_____

Participate

Food
_____
_____
_____
_____

Cake_____
_____

Nourishment

Guest Gift Bag Items
_____
_____
_____
_____

Gratitude

DaNaCLaRKCOLORS.COM
SHORT STORY

Use the following words in a short story:

Mermaid	Believe	Tail
Poseidon	Seashell	Friend
Ocean	Starfish	Hope

Missing Letters:
I am

A_az_n_
_ _ az _ n _

S_ec_a_u_ar
_ _ ec _ a _ u _ ar

_on_e_fu_
_ on _ e _ fu _

_w_s_me
_ w _ s _ me

Grocery List

DanaClarkColors.com understands that you must increase your energy by nourishing your body. Help with the grocery shopping by listing the foods that you like.

Fruit

☐ _____

☐ _____

☐ _____

Vegetables

☐ _____

☐ _____

☐ _____

Lunches

☐ _____

☐ _____

☐ _____

Breakfast

☐ _____

☐ _____

☐ _____

Apples
Oatmeal
Tomatoes

I am STRONG.

I am HEALTHY.

I am CONFIDENT.

I LOVE ME.

$pend $ave $hare

DanaClarkColors.com would like for you to think about money that you want to use for purchase now, for the future, and money that you would like to give to charity (tithing or a friend in need).

Spend: I will spend some of my money on

_____

_____

_____

_____

_____

_____

Save: I will save some of my money for

_____

_____

_____

_____

_____

_____

Share: I will share some of my money with

_____

_____

_____

_____

_____

_____

My Bedroom Door

Family Tree

Identify your family in the Family Tree.

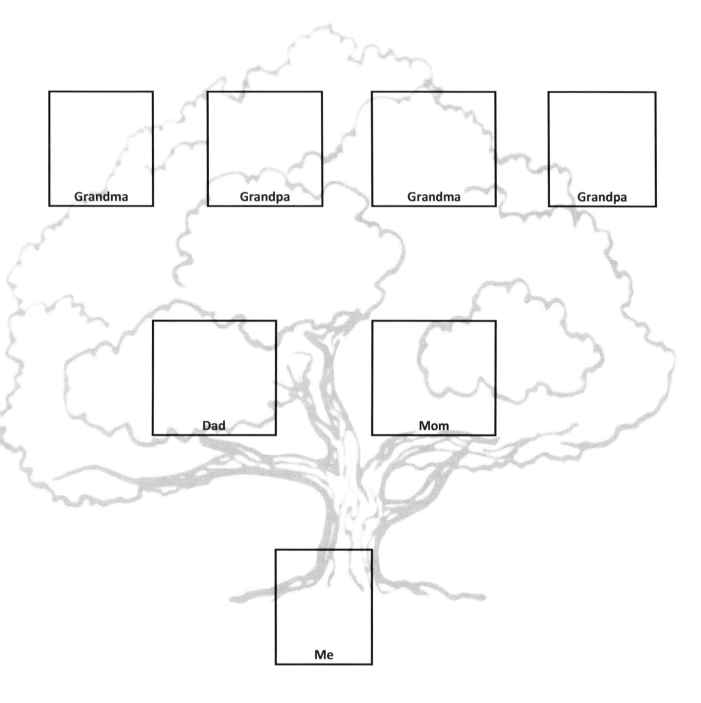

Missing Letters: Colors

_i_l_t

_n_igo

G_l_

Bu_g_n_y

BE CREATIVE

Describe your Amazing Spirit using every letter in the alphabet

A _____

B _____

C _____

D _____

E _____

F _____

G _____

H _____

I _____

J _____

K _____

L _____

M _____

N _____

O _____

P _____

Q _____

R _____

S _____

T _____

U _____

V _____

W _____

X _____

Y _____

Z _____

LET'S DRAW

Use the grid as a guide to help you draw the picture.

FUN TEXT

1. Favorite Singer	
2. A Feeling word	
3. Name of a friend	
4. Name clothing	
5. A Fruit	
6. A device	
7. A Place	
8. An Animal	
9. A school Grade	

Hey Cousin. ☺

Hey, Did you hear the new _____ [1] song?

Yeah. I _____ [2] that song.

Well just wait when you see how _____ [3] dances to it.

Is it goofy?

So Goofy. 😐

Was he wearing that _____ [4].

Yes, and he was singing into a _____ [5].

I'm looking at it now on my _____ [6].

Was he at the _____ [7]?

Yes. He scared away all of the _____ [8].

I'm so glad that we are not in the _____ [9].

Me too. ☺

I Am Affectionate

```
 I  U  R  Y  U  V  U  H  G  F  P  A  R  M  E  C  N  C  D
 G  F  A  C  P  G  C  Y  G  K  P  D  K  D  I  F  R  O  E
 K  I  M  S  A  F  F  E  C  T  I  O  N  S  F  Q  R  M  V
 O  N  F  I  D  E  N  T  O  V  Y  Y  K  R  M  R  Y  M  Y
 F  C  S  M  B  Z  T  C  M  O  N  G  G  C  N  W  G  U  G
 E  N  T  L  E  U  K  U  P  I  M  Y  V  V  Y  X  C  N  M
 I  C  N  U  A  Z  U  P  A  C  W  M  J  J  T  P  O  I  Y
 F  R  W  B  V  W  E  Z  S  E  X  F  T  V  H  A  N  C  T
 Q  F  X  M  A  Z  L  A  S  J  W  I  R  K  O  W  S  A  G
 O  V  I  N  G  D  E  E  I  B  L  R  C  B  U  W  I  T  F
 Z  C  Y  G  T  V  R  C  O  U  E  O  D  G  O  D  E  R
 L  E  K  O  S  L  R  T  N  C  K  G  N  L  H  Z  E  H  I
 E  Y  B  E  J  L  C  Q  A  L  X  A  N  V  T  Y  R  A  E
 S  E  M  P  A  T  H  E  T  I  C  R  E  T  F  Q  A  P  N
 F  E  E  L  I  N  G  S  E  H  M  D  C  N  U  N  T  P  D
 S  P  K  L  H  G  L  E  A  Q  F  X  T  A  L  D  E  Y  S
 H  E  L  P  F  U  L  H  E  A  L  T  H  Y  P  I  I  A  H
 R  K  E  F  O  B  Q  N  K  K  R  R  Y  X  V  K  S  I
 M  L  T  U  K  I  N  D  O  A  B  X  Y  I  J  O  L  L  P
 P  W  V  N  F  H  T  N  P  S  J  Q  H  G  F  X  R  Q  T
```

nd Words:

VING	AFFECTION	FUN	FRIENDSHIP	CARING
NTLE	HELPFUL	THOUGHTFUL	KIND	CONSIDERATE
PPY	COMPASSIONATE	FEELINGS	EMPATHETIC	REGARD
NFIDENT	HEALTHY	COMMUNICATE	VOICE	CONNECT

WORD SCRAMBLE

1. ibeevle _____

2. danrwgeri _____

3. vttoemia _____

4. oeph _____

5. irnagc _____

6. npsirei _____

Word List

 Believe   Hope   Inspire

 Rewarding   Motivate   Caring

A Bright Future

I want to create _____

_____

I want to travel to _____

_____

I want to discover _____

_____

I want to explore _____

_____

I want to have an expertise in _____

_____

I want to teach _____

_____

I want to meet _____

_____

I want to give _____

_____

Best Prepared!

Word Scramble

1. mcimouanect   _____

2. psedfniihr   _____

3. grtnos   _____

4. nivglo   _____

5. hltuhgoutf   _____

6. tinceaoff   _____

Word List

Affection   Loving   Friendship

Thoughtful   Strong   Communicate

I LOVE MY HAIR

```
W N O C O C O N U T O I L M C O F F Y C
G V G V I I N V E W V W S D U X H F T O
F N J G X Y H O G I S C D U R P R P F N
V Z Y B P R L E J S W I Y C L D D I Y D
N B Z R N H B G T T D L Y W S T T N Q I
R R B T M U D H E O R I F M Z B O I J T
E A O F S B C A Y U E X L E S P E B C I
B I B V B D S R R T A V L E I O Q D I O
P D B B Z M V V F S D J Z W L N N A E N
O S E O B O Q I C B L H U Y K Y E R E E
L N D X R H X Y M P O E J G B T W G J R
I S B B A A G P W U C K P M O A G A K I
V F R R I W G H L U K U L N N I R N X V
E H A A D K E O D S S Y A V N L O O D L
O V I I E S E N E G A L E S E T W I S T
I G D D D C O R N R O W S Y T D T L H Y
L O S S B P I X I E B R A I D S H R V Z
R Q V M U J A J O B A O I L P H W S A L
Q L U Z N L R Z H W U S B R D P Z H Z W
G O D D E S S B R A I D S C C O R P I C
```

Find Words:

CONDITIONER	DREAD LOCKS	BRAIDED BUN	TWIST OUTS	SILK BONNET
BRAIDS	BOBBED BRAIDS	BOX BRAIDS	MOHAWK	CORNROWS
PIXIE BRAIDS	SENEGALESE TWIST	ARGAN OIL	OLIVE OIL	COCONUT OIL
JOJOBA OIL	GODDESS BRAIDS	PONYTAIL	NEW GROWTH	CURLS

DECODING

REVEAL THE CODE BY USING THE DECODER KEY.

__ __ __
20 19 8

__ __ __ __ __ __ __ __ __
6 21 18 3 20 25 22 18 5

__ __ __
19 18 25

__ __ __ __ __ __ __ __ __
10 11 22 10 19 11 20 18 9

__ __ __ __ __ __
3 21 11 5 16 22

__ __ __ __
23 20 3 22

__ __ __ __ __
20 1 19 18 5

W	V	F	S	T	C	U	M	G	P	R	B	J
1	2	3	4	5	6	7	8	9	10	11	12	13

Z	Q	H	Y	N	A	I	O	E	L	X	D	K
14	15	16	17	18	19	20	21	22	23	24	25	26

I am Confident and Preparing for the Life I want

✦ WORD SCRAMBLE ✦

1. niefctndo _____

2. teniinletgl _____

3. teanedlt _____

4. oeuocgsuar _____

5. hheylat _____

6. seaicasontpom _____

Word List

✦ Healthy   ✦ Confident   ✦ Intelligent

✦ Compassionate   ✦ Courageous   ✦ Talented

BE CREATIVE

How many words can you make using the letters in

My Dana Clark Colors Spirit

_____   _____

_____   _____

_____   _____

_____   _____

_____   _____

_____   _____

_____   _____

_____   _____

MAZE TIME

Mother's Day Plan

Mothers are the special women in our lives who care for us, nourish us, and teach us.

Mothers, Grandmothers, Aunts, or Godmothers all help us to become who we are.

Plan your Mother's Day:

Breakfast _____

_____

Card _____

_____

Flowers _____

_____

Gift _____

_____

Lunch _____

_____

Activity _____

_____

Dinner _____

_____

Social Media and Me

```
V G W R X T O U C H S C R E E N F L Q C
T B E J N V B L O G J F L G O A L C N H
I J L Z T H D A C S U Y W P T E I H X A
Y U H W D T G G S O Z Z X R E C I G C T
W O A E L H L N I C E G R Q X B Y S H X
Z D S B I G A R V I L F E E T U R K F H
U V H O E R U F K A O J Z Z I Q B O V F
P F T A B O G O F L A V Q J N O J B V E
J E A R A U H H T M A L F T G W S R Q K
U G G D A P O O Y E M J P Z J O M P V N
B G G B C C U M M D T C G Y Y R I H E A
K J U F E T T E H I I N A O K L L G T O
J Z W O M U L P Z A Y Y S K W D E T B V
F X D Q A X O A O N L I N E E W Y I M L
H J E Q I E U G L K H X T N B I F C W G
M P M Q L F D E I H I Z B A S D A U B B
P R O F I L E P N S B Z C P I E C R K T
A G F O H H B S K P A M U P T W E X M C
P Y D X J T R N Y P D U B S E E I R K N
I N S T A N T M E S S A G E X B M N G X
```

Find Words:

- SOCIAL MEDIA
- HASHTAG
- ONLINE
- BLOG
- LAUGH-OUT-LOUD
- HOMEPAGE
- WORLD WIDE WEB
- WEBSITE
- CHAT
- E-MAIL
- PROFILE
- BOARD
- TOUCHSCREEN
- GROUP
- SMILEY FACE
- LINK

Missing Letters: Styles

B_a_ds

_o_bed

P_x_e

T_is_

DECODING

REVEAL THE CODE BY USING THE DECODER KEY.

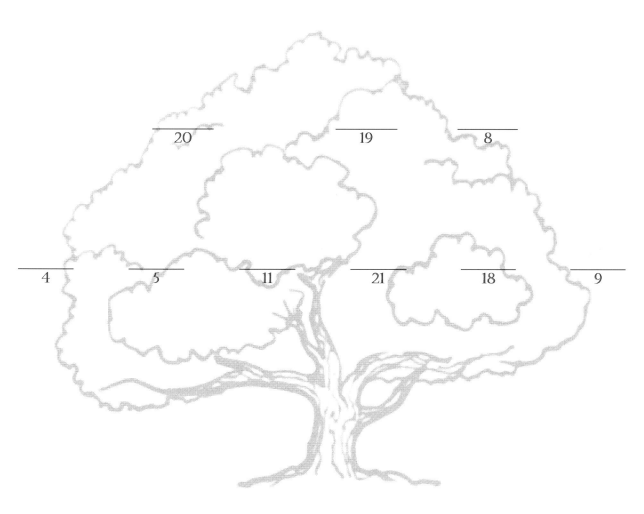

W	V	F	S	T	C	U	M	G	P	R	B	J
1	2	3	4	5	6	7	8	9	10	11	12	13

Z	Q	H	Y	N	A	I	O	E	L	X	D	K
14	15	16	17	18	19	20	21	22	23	24	25	26

I am Strong

Confident Me

```
M B O T M M Z X P U Q R B N Q E E Y D J
C G C U J Y C M E L H P E A V B H Q O Q
R Z N X X X W M J Y Y Y H H L K P Z D M J
E D N C T W N S B K Z C U I X C L F A I
S W U S O F B K V V W L L J T N Z U G A
P O O P C E C M A V E V V I O I W N N F
E N D E Q Q C Q L L Z C X S C Q X N I I
C D U C Z C S L U U C C G H X F G D F O
T E H T F O C F A V D M I A R T S N I U
F R R A I U O Y B G I P V R F D R S C L
U F C C Q R M G L A X B I I D I U T E Y
L U D U X A P F E M E A N N K G Q U N Q
O L F L G G A O K A H A G G P N M P T V
Q S Z A D E S W B Z Y I M U K I W E V P
T A S R C O S F Z I W C N H P T L N V N
K S E N B U I L O N B R A V E Y S D P Z
U W X N M S O E Q G M O G C X A M O O I
S G L H F Q N I N T E G R I T Y I U D P
C A R I N G P F B G J U Y Q N E L S I U
S T R O N G C O N F I D E N T X E L Q S
```

Find words:

GIVING	SPECTACULAR	AMAZING	WONDERFUL	COMPASSION
SMILE	DIGNITY	CARING	VALUABLE	STRONG
INTEGRITY	MAGNIFICENT	RESPECTFUL	STUPENDOUS	BRAVE
COURAGEOUS	SHARING	CONFIDENT		

DECODING

REVEAL THE CODE BY USING THE DECODER KEY.

___ ___ ___
20 19 8

___ ___ ___ ___ ___ ___ ___ ___
12 7   20 23 25 20 18 9

___ ___   ___ ___ ___ ___
8   17   23 20 3   22

___ ___   ___ ___ ___ ___
21 18   23 21 2   22

W	V	F	S	T	C	U	M	G	P	R	B	J
1	2	3	4	5	6	7	8	9	10	11	12	13

Z	Q	H	Y	N	A	I	O	E	L	X	D	K
14	15	16	17	18	19	20	21	22	23	24	25	26

MAZE TIME

FEELING MAP

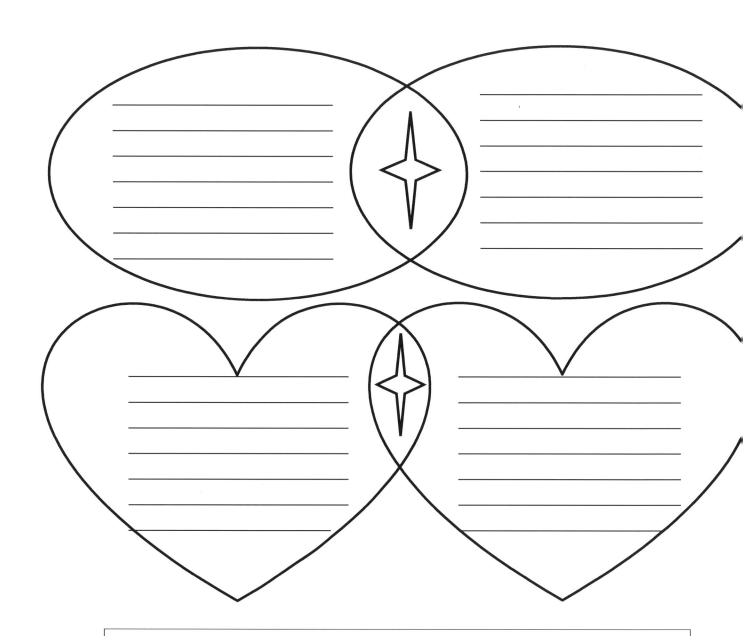

DanaClarkColors.com wants you to understand your thoughts and feelings. Write your thoughts in the ovals. Write your feelings in the hearts. Which of your good thoughts lead to your good feelings? Can you list 4?

SHIFTING THE ATMOSPHERE

```
O Z O N E M O O N L C I E N J D H O N D
D R L N J J P N U J B J X L M V O R Q U
C K B K V B T E S A T L E V F Y Z X L R
Q G G K Q X V P A T M O S P H E R E W A
P N G Q D A A T C M L B V W L E W X Q N
P Z R W R A K U R V N I F X C Y L R T U
H A A Q C U M N U G S G D R Z H T E L S
P Q V Y O S J E E V J D Y Q P L U T O A
E E I T E V B B N Z E I T R P B S C R J
V Z T Z T P D G B Q P P X O E U A U X I
E O Y X N W C A O R A P O Q A Z Z R E T
N U L E E I C L O Z M E T L R P B T B G
E A S O L A R A K R A R O J T U W W Y B
R V I F A W C X R F R H O U H F Y X K B
G W F T O A U I H I S T S P S A T U R N
Y S F A Q D Q E M X H D L I X E X E P E
P L A N E T S S V E N U S T A R S Z D Q
M I L K Y W A Y E D N H C E S V L G B N
M J R W I Y V D U U U D W R U M I L G Q
C O M E T S L B J G C U L T K P F Y N B
```

Find words:

ENERGY	URANUS	EARTH	NEPTUNE	ATMOSPHERE
GALAXIES	PLANETS	GRAVITY	MARS	MOON
SATURN	VENUS	OZONE	SOLAR	PLUTO
MILKY WAY	STARS	BIG DIPPER	COMETS	JUPITER

WORD SCRAMBLE

1. ewslnsel _____

2. wmoktear _____

3. elahyth _____

4. xceserie _____

5. rtossp _____

6. rtbhae _____

Word List

Healthy   Exercise   Sports

Wellness   Teamwork   Breath

Gratitude is the best Attitude

DanaClarkColors.com would like for you to always keep THANK YOU cards.

THANK YOU

THANK YOU

THANK YOU

THANK YOU

WORD SCRAMBLE

1. ictpsiimot   _____

2. tgrtieniy   _____

3. diwaerngr   _____

4. ugnodcraee   _____

5. lieeebv   _____

6. uesvla   _____

Word List

★ Believe   ★ Values   ★ Integrity

★ Encouraged   ★ Optimistic   ★ Rewarding

DANACLARKCOLORS.COM
SHORT STORY

Use the following words in a short story:

Snowman	Believe	Cold
Gloves	Snow Flake	Friend
Winter	Stars	Trust

MAZE TIME

Father's Day is for the special men in our lives who raise us, protects us, and guide us. They could be our uncles, grandfathers, or brothers. Write a letter to your father thanking him for all that he continues to do.

_____

_____

_____

_____

_____

_____

_____

_____

_____

_____

_____

_____

_____

_____

_____

_____

DECODING

REVEAL THE CODE BY USING THE DECODER KEY.

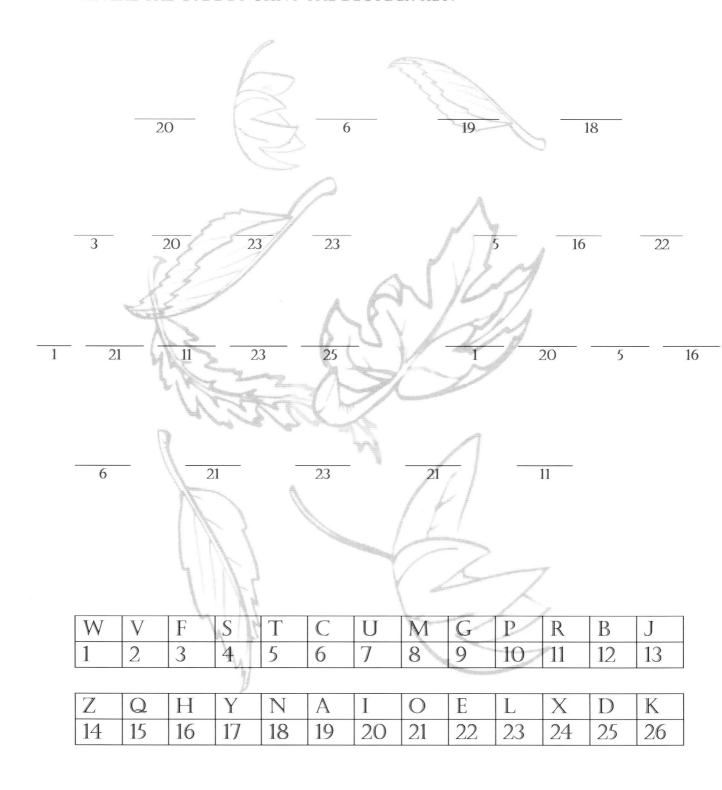

I	C		A	N
20	6		19	18

F	I	L	L	T	H	E
3	20	23	23	5	16	22

W	O	R	L	D	W	I	T	H
1	21	11	23	25	1	20	5	16

C	O	L	O	R
6	21	23	21	11

W	V	F	S	T	C	U	M	G	P	R	B	J
1	2	3	4	5	6	7	8	9	10	11	12	13

Z	Q	H	Y	N	A	I	O	E	L	X	D	K
14	15	16	17	18	19	20	21	22	23	24	25	26

I LOVE ME SO MUCH

X L R E S R B D T K B P M K E X W C L M
P X J I D X L W S B W I S E P Q F A O W
I V C E J V E I U V F K D Z N Q J H O E
S N O B X P A J I K G E X R V M A E X N
V E K Y G G Z J M A B E I T M C W A R P
C A D V V I W N A I N T V H Z Q N R T Z
D K T Z B F E R G A C H Q Q J I T X S
N V X T R T J K I Y C H D O X B Z P D M
R F U P I E A T N E W N H H G E J Y G A
H K B T G D Z A A M O P X M S A C D L R
P W V F H B L L T X R O H Q N U O K O T
I F N B T H K E I A T S I F M T N A V Z
Z P R K S V L N V S H I W T J I F A E R
T E V F M C O T E W Y T W G G F I W F P
D H X M Q H V E V H J I C T S U D E W R
E P K Q C J E D I E S V E M R L E S B E
Y O P H V T L G O R G E O U S W N O L T
A J H L Q V Y C O L O R F U L Y T M Y T
I N T E L L I G E N T R H M E F C E B Y
V I S I O N A R Y L T U G L O R I O U S

Find Words:

BEAUTIFUL	LOVELY	GORGEOUS	COLORFUL	PRETTY
CONFIDENT	GLORIOUS	AWESOME	HEART	LOVE
POSITIVE	WISE	INTELLIGENT	SMART	BRIGHT
GIFTED	VISIONARY	TALENTED	IMAGINATIVE	WORTHY

MAZE TIME

◇ Word Scramble ◇

1. owgdodo   _____

2. pelma   _____

3. saoinb   _____

4. lwoilw   _____

5. odoredw   _____

6. rmseaocy   _____

Word List

❖ Maple   ❖ Willow   ❖ Redwood
❖ Bonsai   ❖ Dogwood   ❖ Sycamore

Future Bound

DanaClarkColors.com Crossword Puzzle

Down

1. To understand and be understood
2. Growing in my knowledge and skills
3. To be sure of myself and my choices
4. Achieving my goals
5. My unique gifts
6. Higher Learning

Across

1. To be brave in modeling my values
2. To concentrate on what is important to me
3. Past my current situation
4. To ignite creativity and bravery in another
5. To Serve as

Earth Day

Earth Day is April 22nd. Using the words below, list the ways that you will show appreciation for Mother Earth this year.

Compost	Trees	Water
Plants	Green	Land
Recycle	Community	Air

School Supply Shopping

Pencils _____

Erasers _____

Pencil sharpeners _____

Pencil case _____

Pens _____

Colored pencils _____

Crayons _____

Highlighters _____

USB drive _____

Binders _____

Paper _____

Composition book _____

Poster board _____

Hand Sanitizer _____

Hand lotion _____

Book Bag _____

_____ _____

_____ _____

_____ _____

Artists:

Shakira Rivers

Chaka Laker-Ojok

J. D. Wright

Public Relations:

Danielle Nelson

Editor:

Monet Rose Whitaker

Contributors:

Lawrence E. Clark

Stephanie R. Spriggs

Billy D. Wright

Toni L. Wright

Victoria Spriggs

Creator:

J. D. Wright

Made in the USA
Las Vegas, NV
04 March 2021